FRÉDÉRIC CHOPIN

ETUDES
ETÜDEN

For Piano / Für Klavier

Revised by / Kritisch revidiert von
Herrmann Scholtz

New edition by / Neue Ausgabe von
Bronislaw von Pozniak

EIGENTUM DES VERLEGERS · ALLE RECHTE VORBEHALTEN
ALL RIGHTS RESERVED

EDITION PETERS
LONDON · FRANKFURT/M. · LEIPZIG · NEW YORK

ETÜDEN

von

FR. CHOPIN

1.	Etüde	Op. 10 № 1	C dur – Ut majeur –	C major	4
2.	,,	Op. 10 № 2	A moll – La mineur –	A minor	10
3.	,,	Op. 10 № 3	E dur – Mi majeur –	E major	14
4.	,,	Op. 10 № 4	Cis moll – Ut dièze mineur –	C# minor	18
5.	,,	Op. 10 № 5	Ges dur – Sol bémol majeur –	Gb major	24
6.	,,	Op. 10 № 6	Es moll – Mi bémol mineur –	Eb minor	28
7.	,,	Op. 10 № 7	C dur – Ut majeur –	C major	32
8.	,,	Op. 10 № 8	F dur – Fa majeur –	F major	36
9.	,,	Op. 10 № 9	F moll – Fa mineur –	F minor	42
10.	,,	Op. 10 № 10	As dur – La bémol majeur –	Ab major	46
11.	,,	Op. 10 № 11	Es dur – Mi bémol majeur –	Eb major	52
12.	,,	Op. 10 № 12	C moll – Ut mineur –	C minor	55
13.	,,	Op. 25 № 1	As dur – La bémol majeur –	Ab major	60
14.	,,	Op. 25 № 2	F moll – Fa mineur –	F minor	65
15.	,,	Op. 25 № 3	F dur – Fa majeur –	F major	69
16.	,,	Op. 25 № 4	A moll – La mineur –	A minor	73
17.	,,	Op. 25 № 5	E moll – Mi mineur –	E minor	76
18.	,,	Op. 25 № 6	Gis moll – Sol dièze mineur –	G# minor	82
19.	,,	Op. 25 № 7	Cis moll – Ut dièze mineur –	C# minor	88
20.	,,	Op. 25 № 8	Des dur – Ré bémol majeur –	Db major	92
21.	,,	Op. 25 № 9	Ges dur – Sol bémol majeur –	Gb major	96
22.	,,	Op. 25 № 10	H moll – Si mineur –	B minor	98
23.	,,	Op. 25 № 11	A moll – La mineur –	A minor	104
24.	,,	Op. 25 № 12	C moll – Ut mineur –	C minor	112
25.	,,	{ Für die Schule von *Moscheles* und *Fétis* komponiert. }	F moll – Fa mineur –	F minor	118
26.	,,		Des dur – Ré bémol majeur –	Db major	120
27.	,,		As dur – La bémol majeur –	Ab major	122

Dédiées à son ami F. Liszt

12 ETÜDEN

Frédéric Chopin, Op. 10

*) Die Metronomangaben entsprechen der großen polnischen Chopin-Tradition.

*) The figures of metronome follow the tradition of the great Polish Chopin players.

*) Les chiffres de métronome se conforment à la tradition des grands interprètes polonais de Chopin.

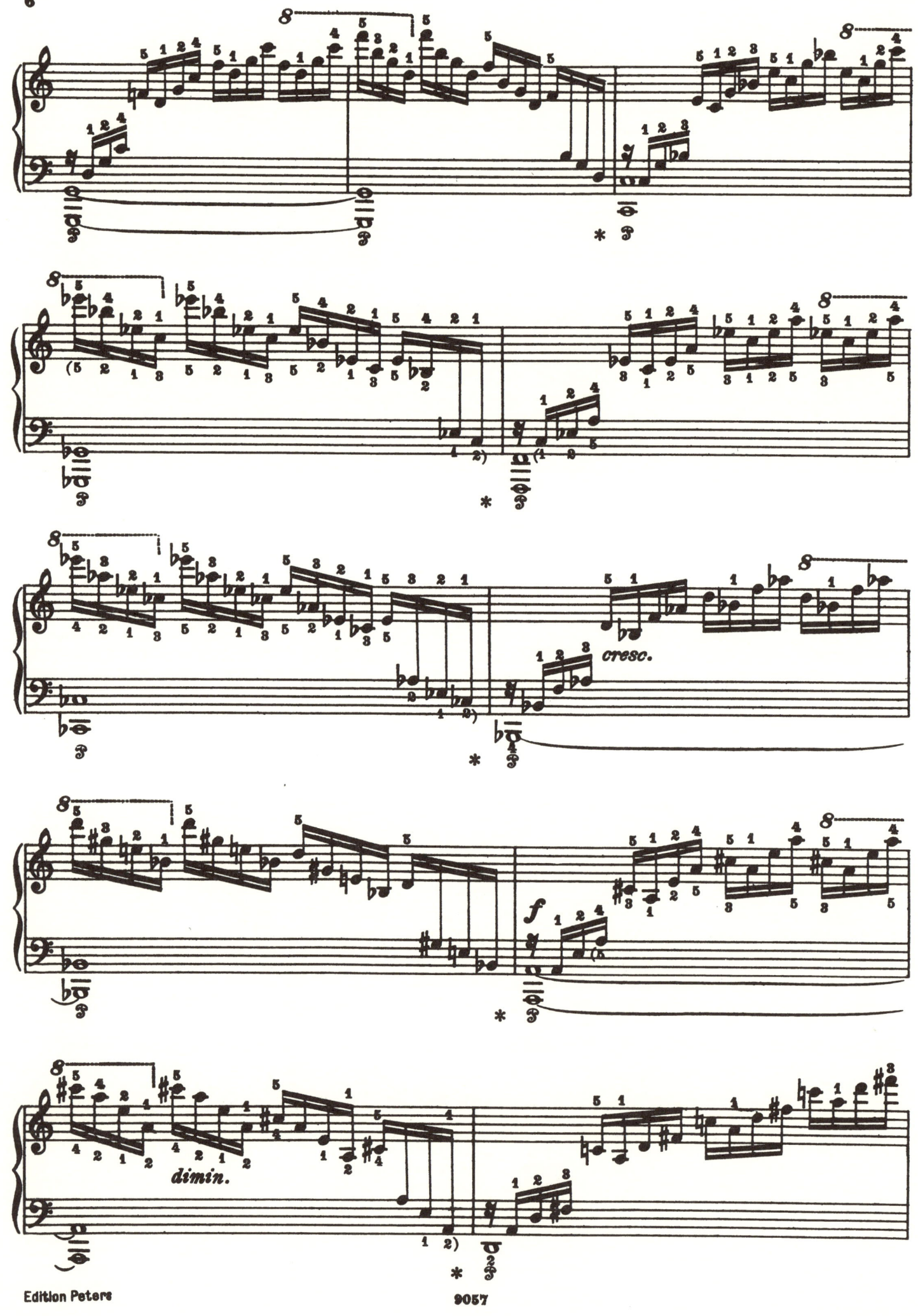

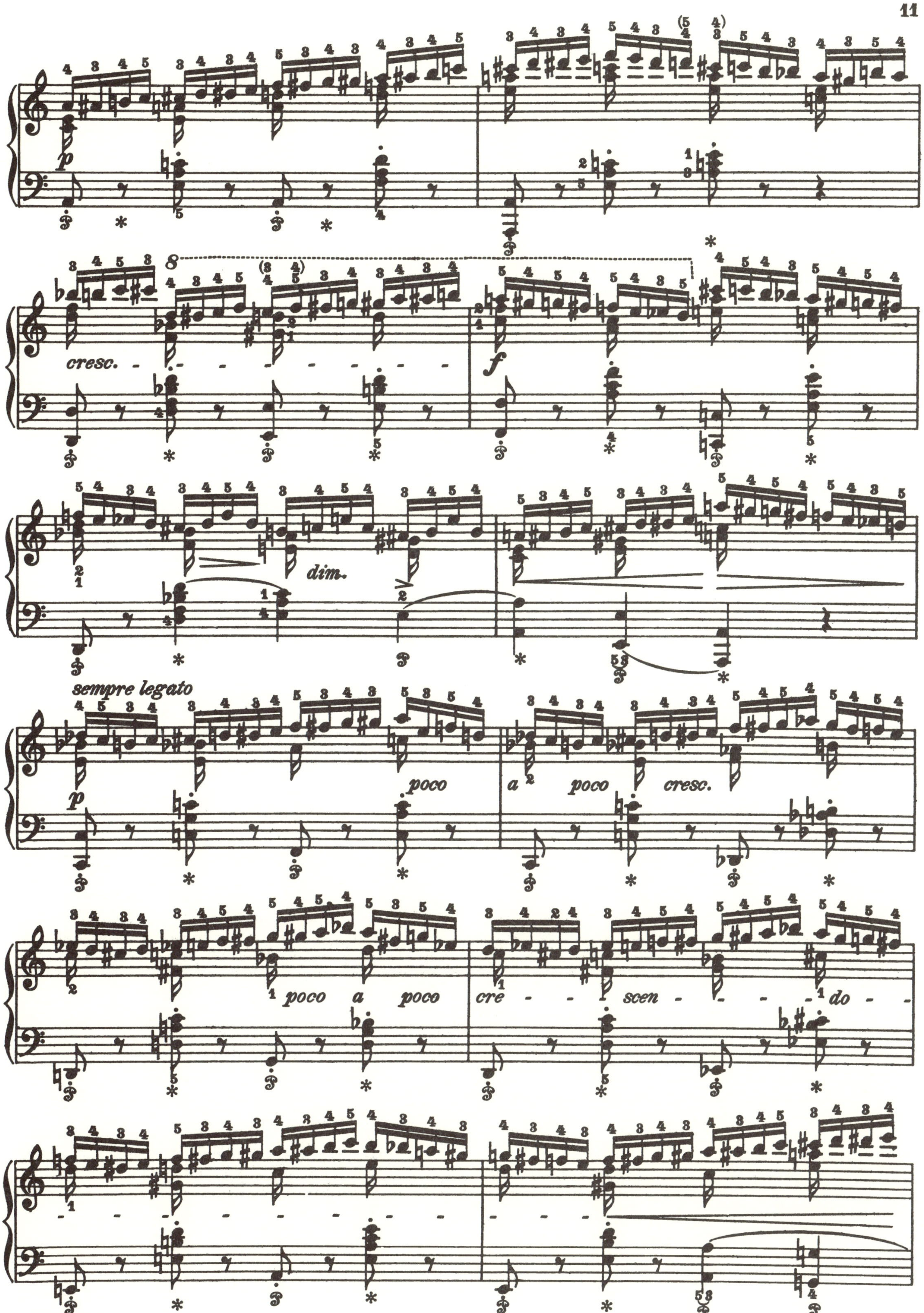
p
cresc.
8
f
dim.
sempre legato
p
poco
a poco cresc.
poco a poco
cre - scen - do

18

Presto (𝅗𝅥 = ca 60)

4.

f con fuoco *fp*   *cresc.* — — —

Edition Peters

9057

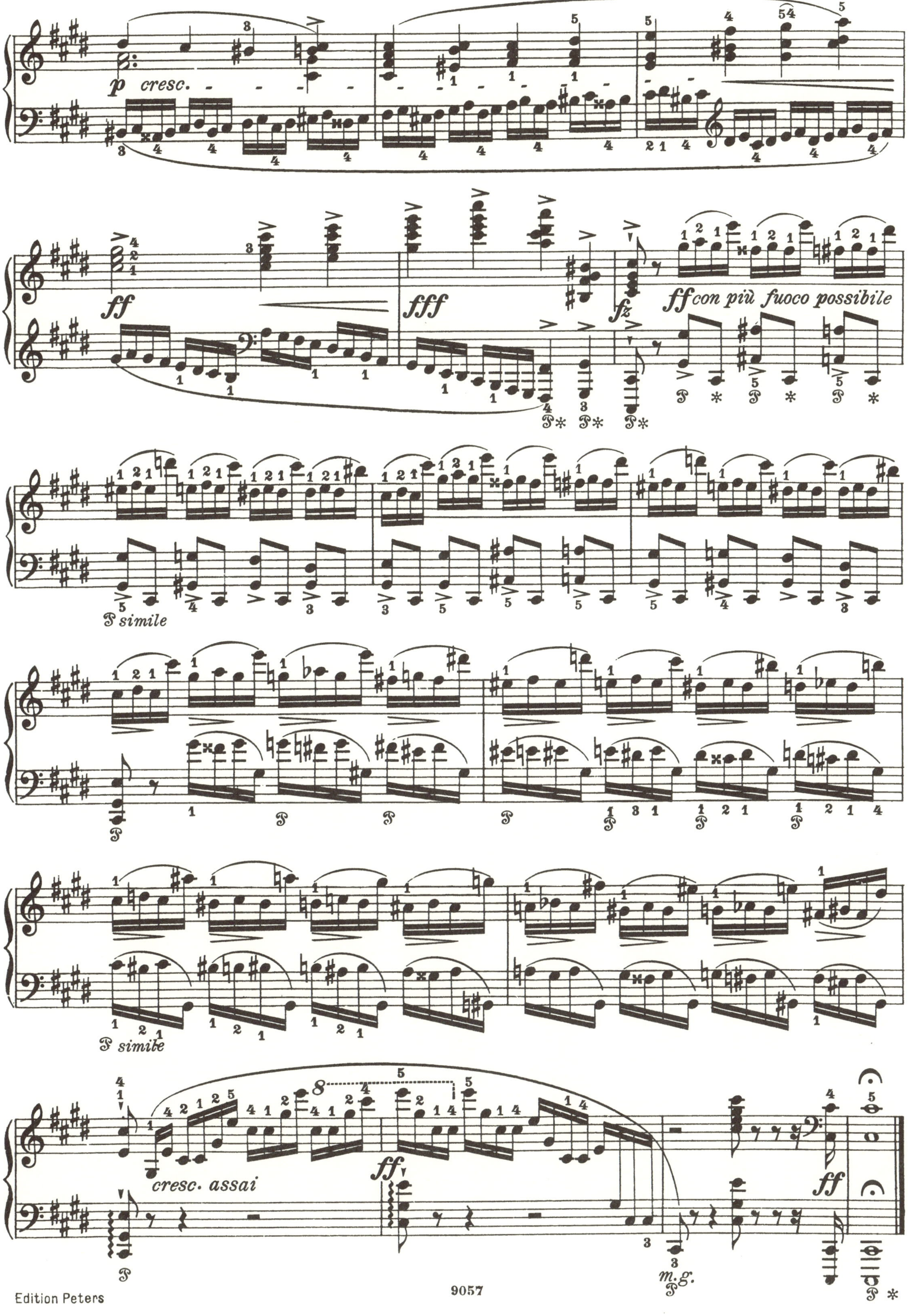
p cresc.
ff
fff
fz
ff con più fuoco possibile
simile
simile
cresc. assai
ff
m.g.
ff

*) Bei besonders raschem Tempo empfiehlt der Herausgeber, nur die eingeklammerten Pedale anzuwenden.

*) If time is taken most rapidly the editor suggests to use but the pedals in brackets.

*) Si le temps est très rapide, l'éditeur recommande de n'employer que les pédales entre parenthèses.

8

Allegro (𝅗𝅥 = ca 72)

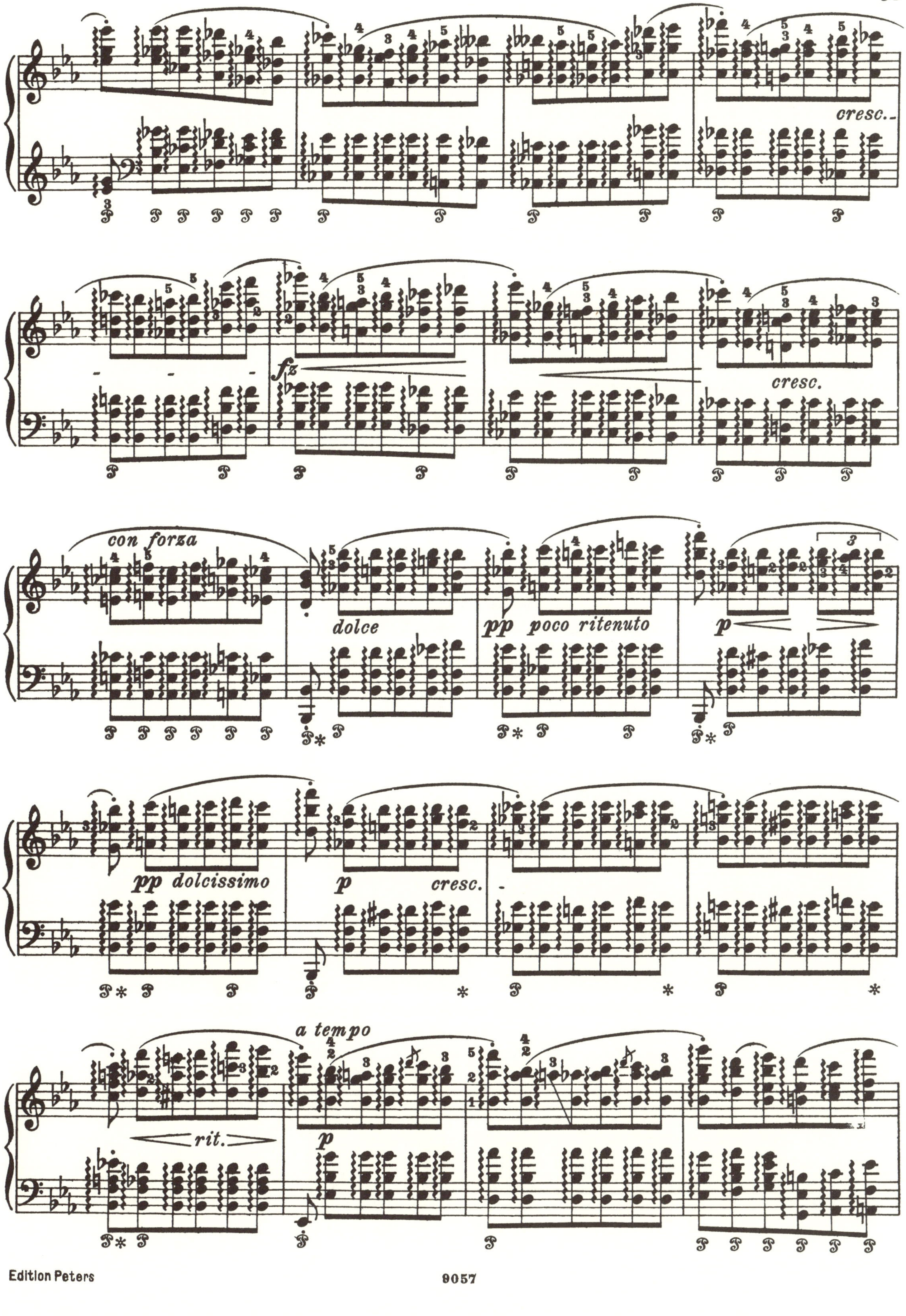
cresc.
fz
cresc.
con forza
dolce
pp poco ritenuto
p
pp dolcissimo
p
cresc.
rit.
a tempo
p

54

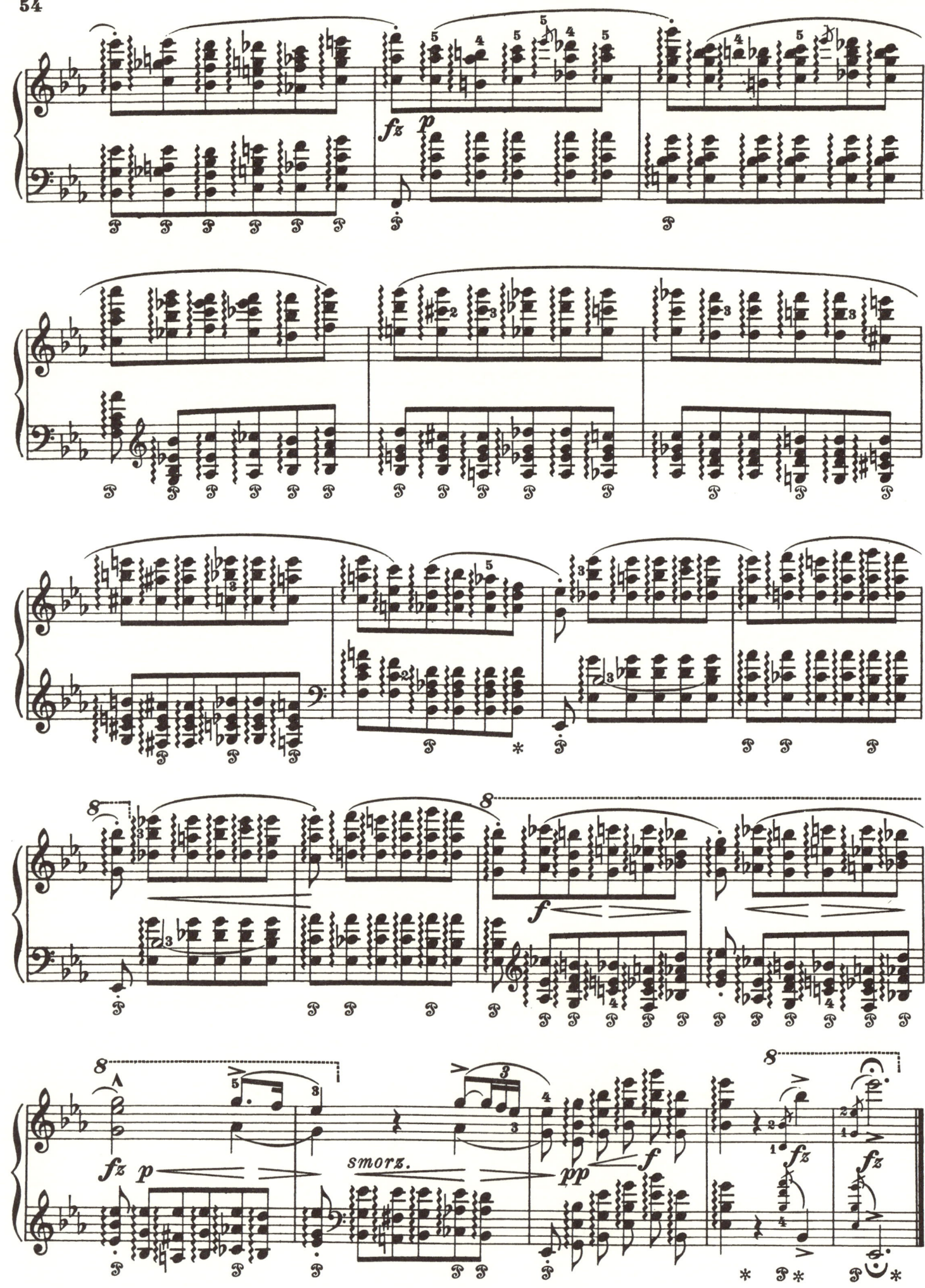

A Mme la Comtesse d'Agoult

12 ETÜDEN

Frédéric Chopin, Op. 25

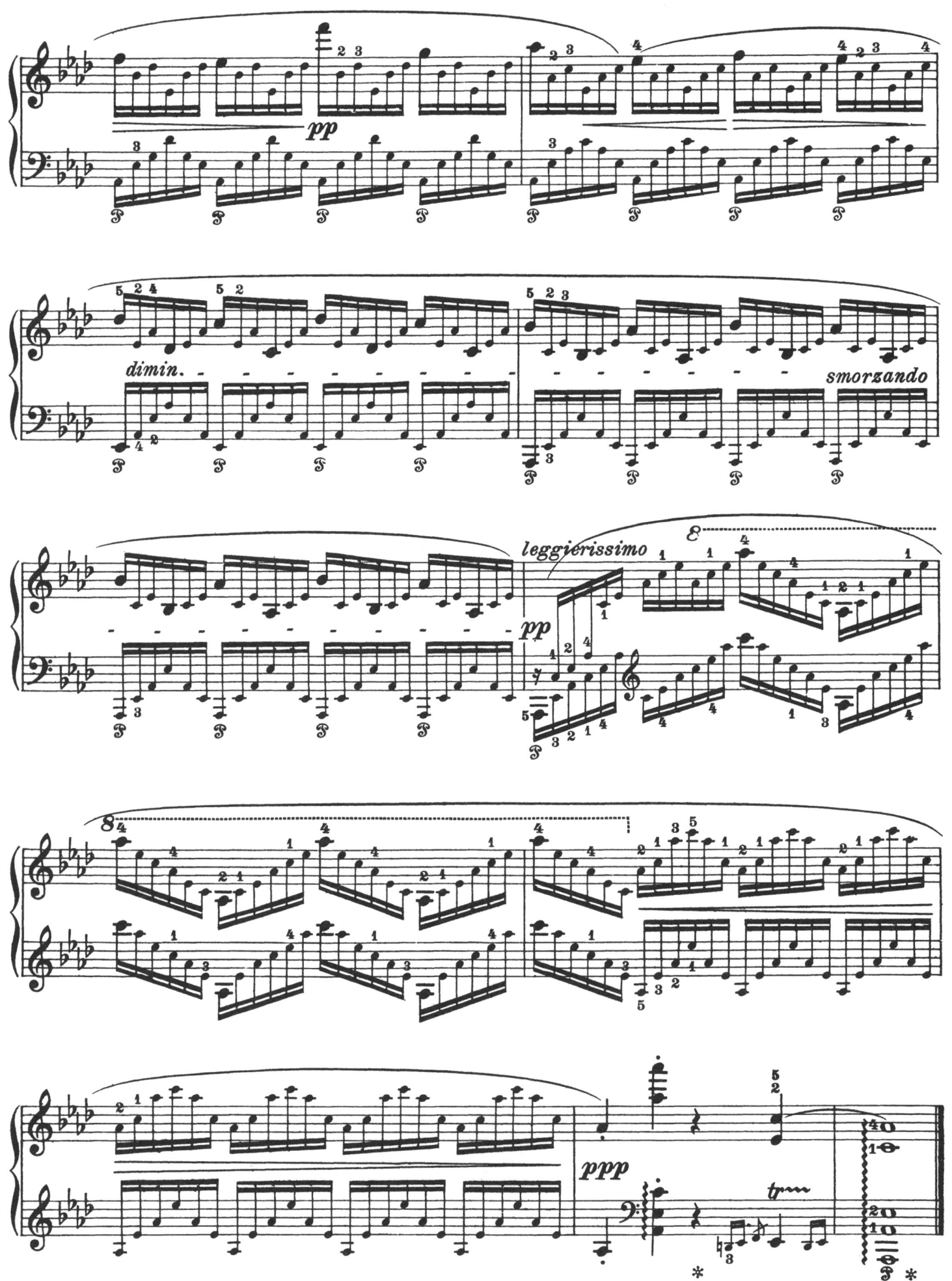

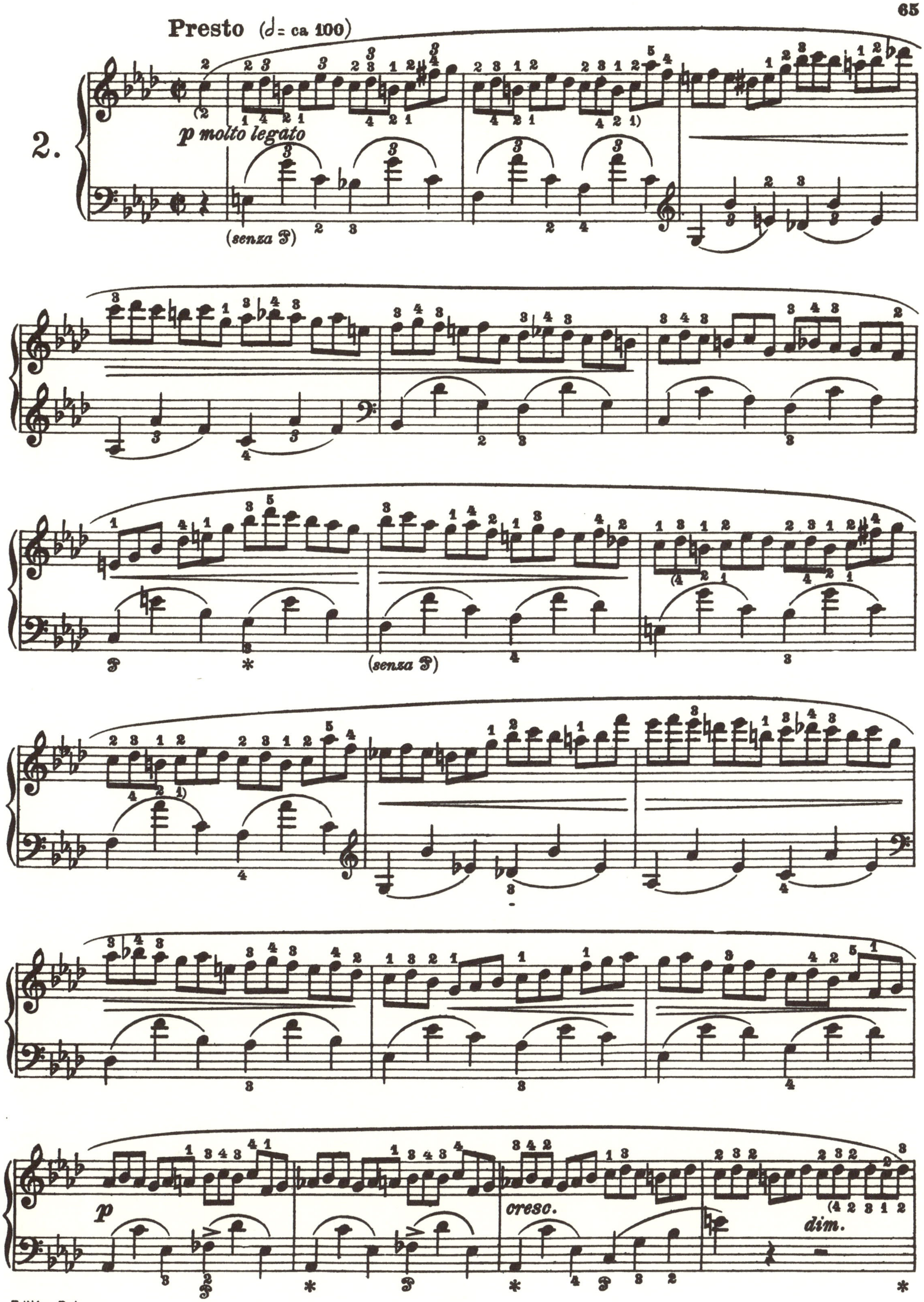
Presto (𝅗𝅥 = ca 100)
2.
p molto legato
(senza Ped.)
(senza Ped.)
p
cresc.
dim.

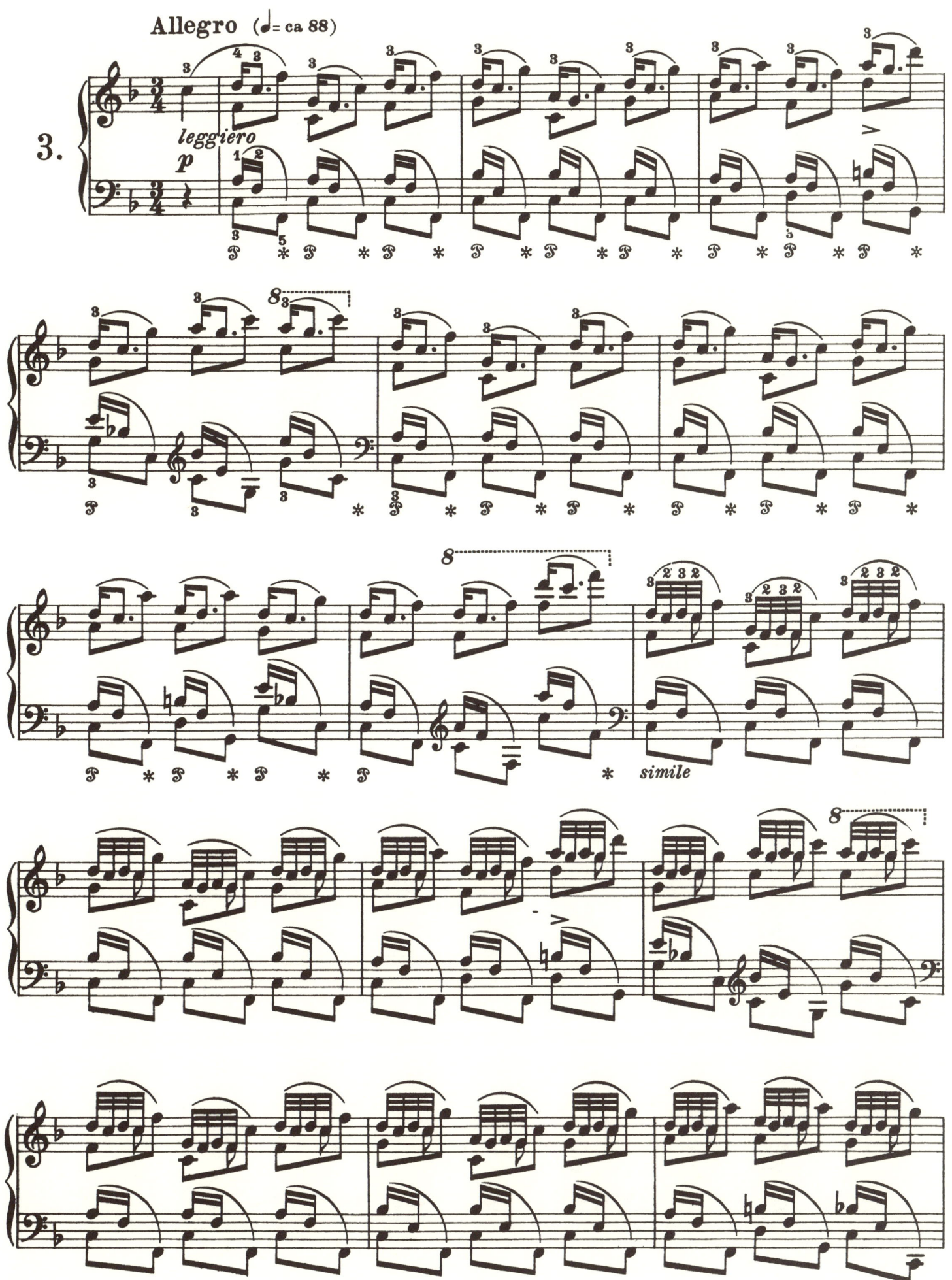

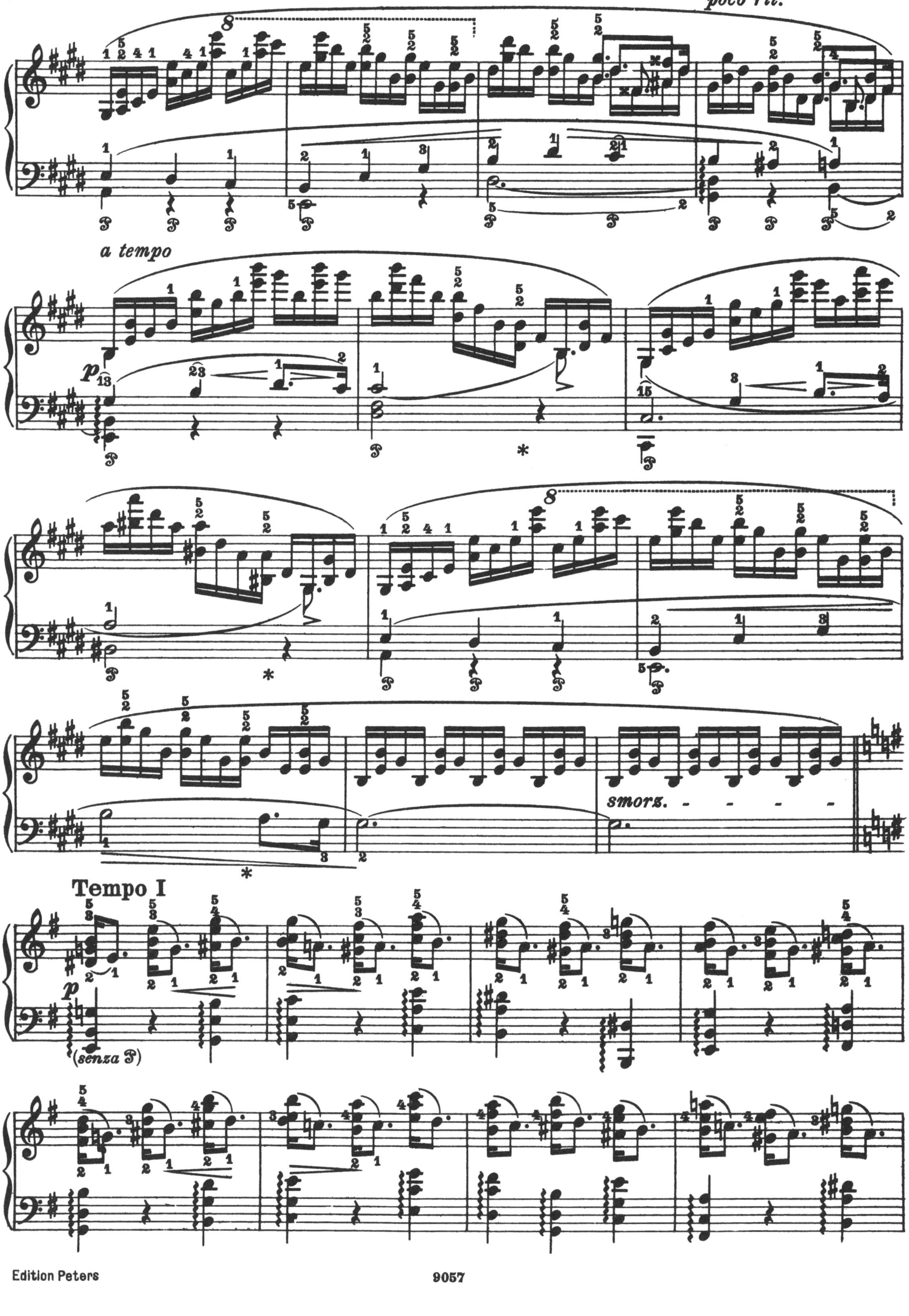
poco rit.
a tempo
p
smorz.
Tempo I
p
(senza Ped.)

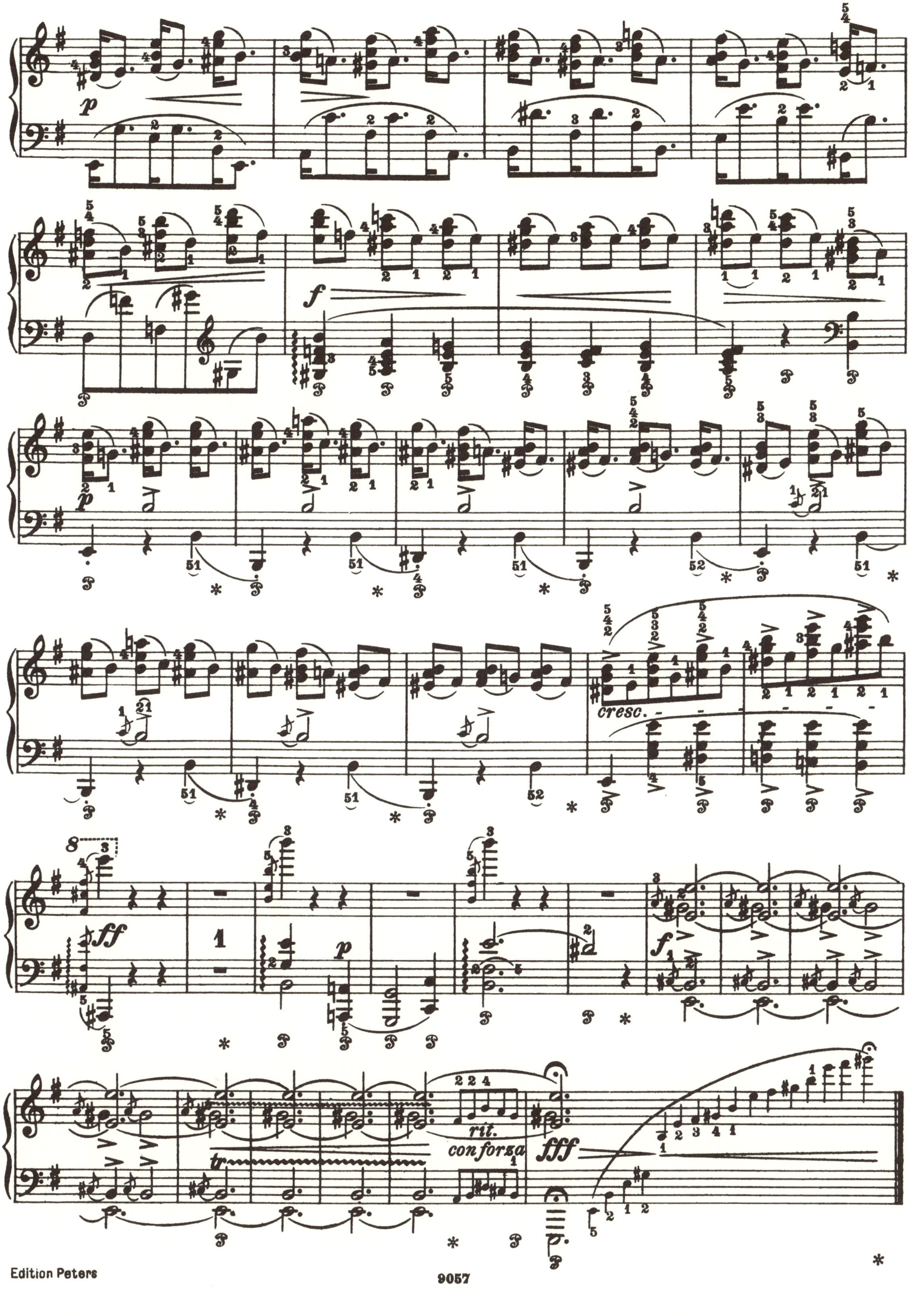
p
f
p
cresc.
ff
p
f
rit.
con forza
fff

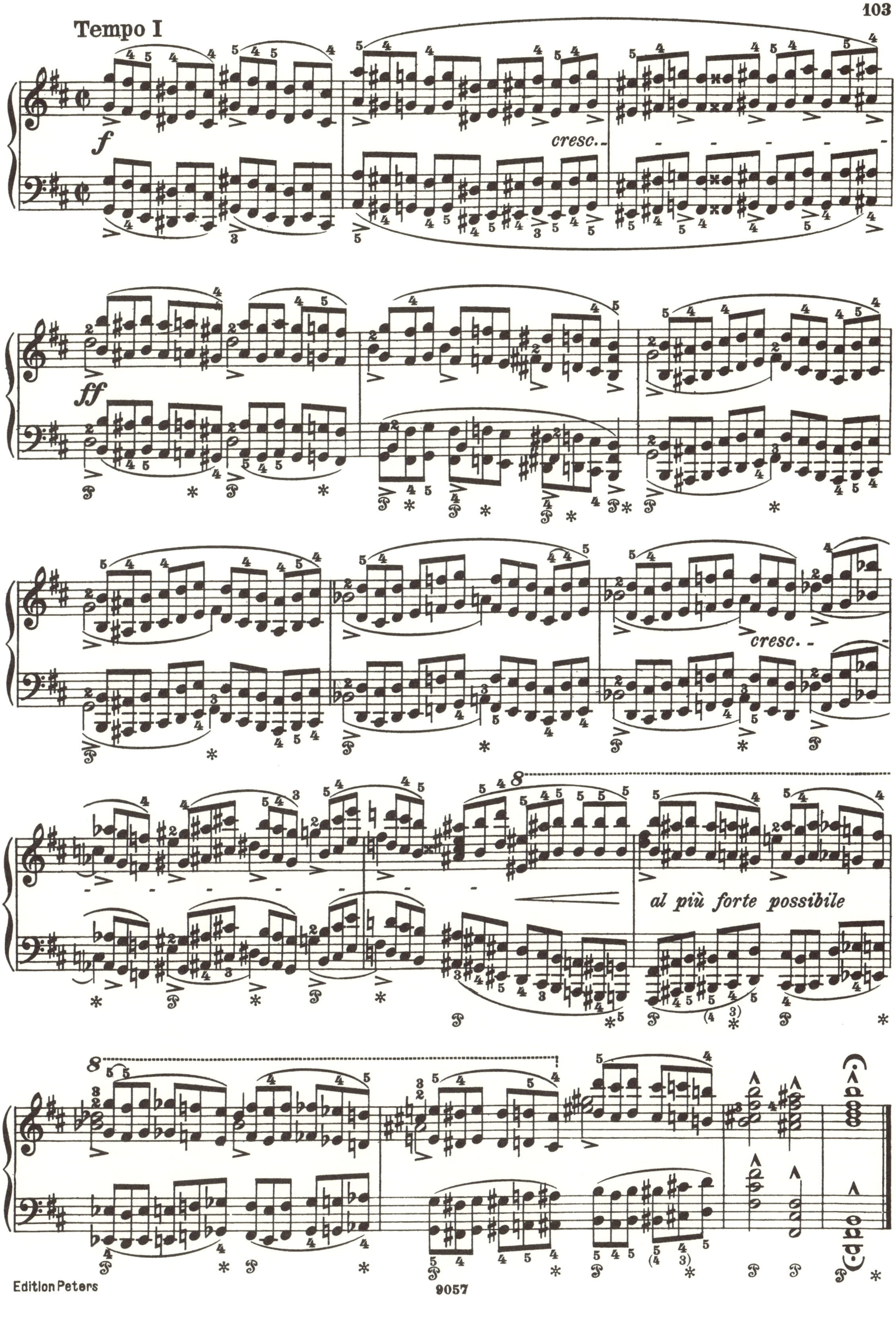

Tempo I
f
cresc.
ff
cresc.
8
al più forte possibile
8

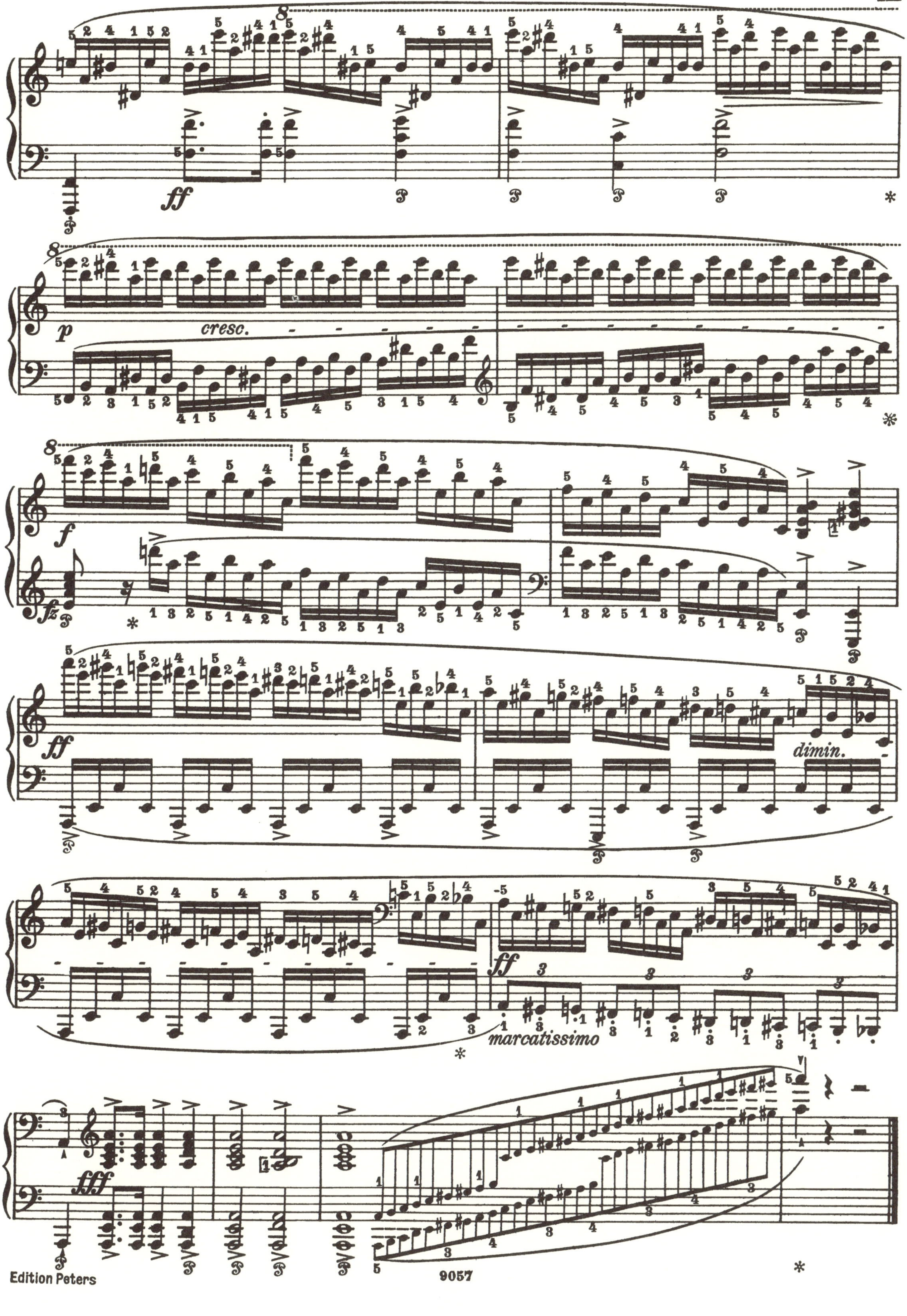
ff
p
cresc.
f
fz
ff
dimin.
ff
marcatissimo
fff

3 ETÜDEN[*]

1. Andantino

(senza 𝄞)

[*] „Trois nouvelles études, composées pour la Méthode des Methodes de Moscheles et Fétis"

Allegretto

3.